Das große Märchenbilderbuch
der Brüder Grimm

# DAS GROSSE MÄRCHENBILDERBUCH DER BRÜDER GRIMM

Thienemann

# Inhalt

### FRAU HOLLE
illustriert von Imke Sönnichsen

### ROTKÄPPCHEN
illustriert von Daniela Chudzinski

### DIE BREMER STADTMUSIKANTEN
illustriert von Heribert Schulmeyer

### DER WOLF UND DIE SIEBEN GEISSLEIN
illustriert von Susanne Smajić

### DER FROSCHKÖNIG
illustriert von Daniela Chudzinski

### DORNRÖSCHEN
illustriert von Imke Sönnichsen

### RUMPELSTILZCHEN
illustriert von Kathrin Treuber

### ES WAREN EINMAL ...
Ein Nachwort von Claudia Blei-Hoch

# FRAU HOLLE

## Imke Sönnichsen

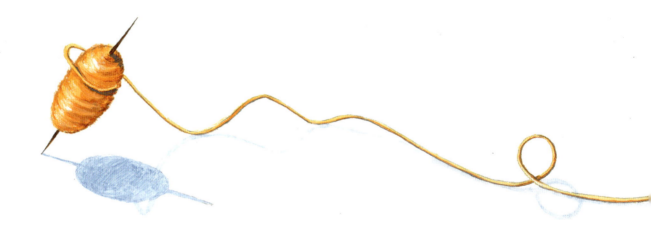

Eine Witwe hatte zwei Töchter. Davon war die eine schön und fleißig, die andere hässlich und faul. Die Mutter hatte die hässliche und faule viel lieber, weil sie ihre eigene Tochter war. Die Stieftochter dagegen musste die ganze Arbeit machen und das Aschenputtel im Haus sein. Das arme Mädchen musste sich täglich an die große Straße neben einen Brunnen setzen und so viel spinnen, dass ihm die Finger bluteten.

Eines Tages war die Spule ganz blutig. Da beugte sich das Mädchen über den Brunnen, um sie abzuwaschen. Aber sie fiel ihm aus der Hand und in den Brunnen hinein.
Das Mädchen weinte, lief zur Stiefmutter und erzählte ihr von seinem Missgeschick. Die Stiefmutter schimpfte sehr und sagte: »Wenn du die Spule hast herunterfallen lassen, dann hol sie auch wieder herauf.«
Da ging das Mädchen zu dem Brunnen zurück und wusste nicht, was es tun sollte. In seiner großen Angst sprang es schließlich in den Brunnen hinein, um die Spule zu holen. Dann wurde es ohnmächtig.

Als es wieder zu sich kam, war das Mädchen auf einer schönen Wiese. Die Sonne schien und viele tausend Blumen blühten. Das Mädchen lief über die Wiese, bis es zu einem Backofen kam, der voller Brot war. Das Brot rief: »Ach, zieh mich raus, zieh mich raus, sonst verbrenne ich! Ich bin schon längst ausgebacken!«
Da ging das Mädchen hin und holte mit dem Brotschieber alle Laibe nacheinander heraus.

Danach lief es weiter, bis es zu einem Baum kam, der voller
Äpfel war. Der Apfelbaum rief ihm zu: »Ach, schüttel mich,
schüttel mich! Wir Äpfel sind alle miteinander reif!«
Da schüttelte das Mädchen den Baum, dass die Äpfel herunter-
fielen, als ob sie herabregnen würden.
Es schüttelte, bis keiner mehr oben war. Und als es alle zu
einem Haufen aufgeschichtet hatte, ging es wieder weiter.

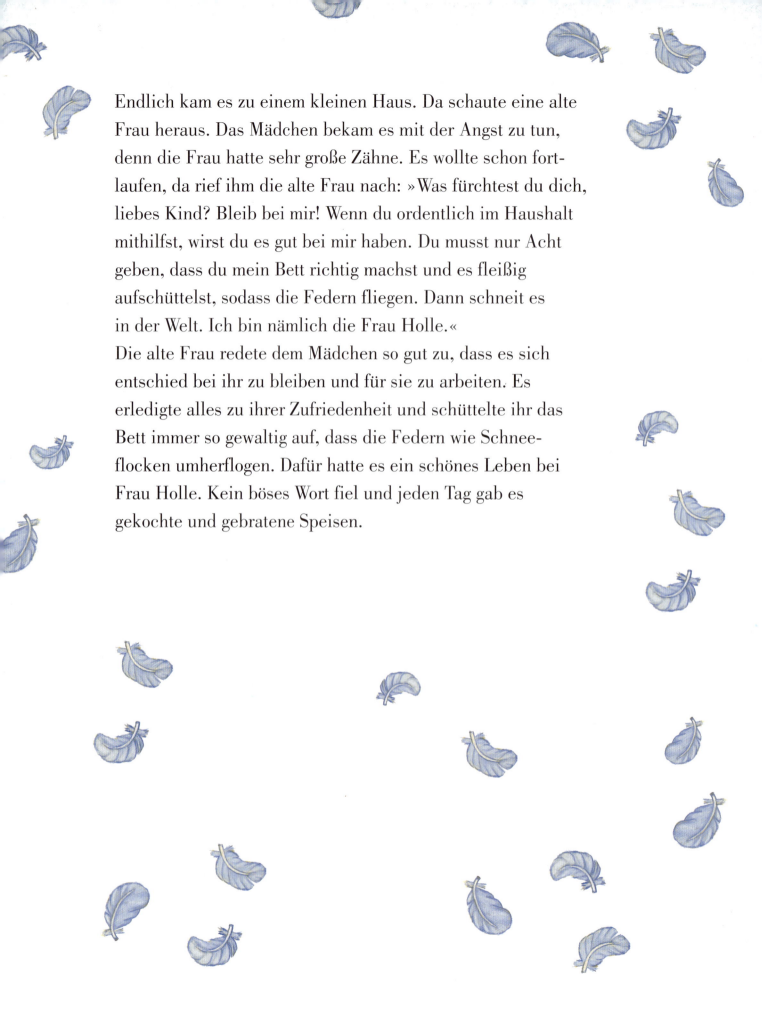

Endlich kam es zu einem kleinen Haus. Da schaute eine alte Frau heraus. Das Mädchen bekam es mit der Angst zu tun, denn die Frau hatte sehr große Zähne. Es wollte schon fortlaufen, da rief ihm die alte Frau nach: »Was fürchtest du dich, liebes Kind? Bleib bei mir! Wenn du ordentlich im Haushalt mithilfst, wirst du es gut bei mir haben. Du musst nur Acht geben, dass du mein Bett richtig machst und es fleißig aufschüttelst, sodass die Federn fliegen. Dann schneit es in der Welt. Ich bin nämlich die Frau Holle.«
Die alte Frau redete dem Mädchen so gut zu, dass es sich entschied bei ihr zu bleiben und für sie zu arbeiten. Es erledigte alles zu ihrer Zufriedenheit und schüttelte ihr das Bett immer so gewaltig auf, dass die Federn wie Schneeflocken umherflogen. Dafür hatte es ein schönes Leben bei Frau Holle. Kein böses Wort fiel und jeden Tag gab es gekochte und gebratene Speisen.

Nun war das Mädchen schon eine ganze Weile bei Frau Holle.
Da wurde es traurig, wusste aber anfangs selbst nicht, was ihm
fehlte. Schließlich merkte es, dass es Heimweh hatte. Obwohl
es ihm hier tausendmal besser ging als bei seiner Stiefmutter,
hatte es doch Sehnsucht nach seinem Zuhause.
Da sagte das Mädchen zu Frau Holle: »Ich habe Heimweh.
Und auch wenn es mir hier unten noch so gut geht, kann ich
doch nicht länger bleiben.
Ich muss wieder hinauf zu meiner Familie.«
Frau Holle sagte: »Es gefällt mir, dass du wieder nach Hause
willst. Und weil du so fleißig für mich gearbeitet hast, will ich
dich selbst wieder hinaufbringen.«

Daraufhin nahm sie das Mädchen bei der Hand und führte
es vor ein großes Tor. Das Tor öffnete sich. Und als das
Mädchen gerade darunter stand, fiel ein gewaltiger Goldregen.
Das ganze Gold blieb an ihm hängen, sodass es über und über
damit bedeckt war.

»Das sollst du haben, weil du so fleißig gewesen bist«, sagte
Frau Holle und gab dem Mädchen auch die Spule wieder,
die ihm in den Brunnen gefallen war.

Daraufhin schloss sich das Tor und das Mädchen war wieder oben auf der Welt, nicht weit von dem Haus seiner Mutter entfernt.
Als es in den Hof kam, saß der Hahn auf dem Brunnen und rief: »Kikeriki, unsere goldene Jungfrau ist wieder hie.«
Da ging das Mädchen zu seiner Mutter hinein.
Und weil es so mit Gold bedeckt war, wurde es von ihr und von seiner Schwester gut aufgenommen.
Das Mädchen erzählte von allem, was es erlebt hatte. Als die Mutter hörte, wie es zu dem großen Reichtum gekommen war, wollte sie der anderen, hässlichen und faulen Tochter gerne zu demselben Glück verhelfen. Deshalb musste sie sich nun auch an den Brunnen setzen und spinnen. Damit ihre Spule blutig wurde, stach sie sich in den Finger und steckte ihre Hand in eine Dornenhecke. Dann warf sie die Spule in den Brunnen und sprang hinterher.

Wie ihre Schwester kam sie nun auf die schöne Wiese und ging auf demselben Pfad weiter.

Als sie zu dem Backofen kam, schrie das Brot wieder: »Ach, zieh mich raus, zieh mich raus, sonst verbrenne ich! Ich bin schon längst ausgebacken!«

Das faule Mädchen antwortete jedoch: »Das fehlte mir gerade noch, mich schmutzig zu machen!«

Und es ging fort.

Bald kam es zu dem Apfelbaum, der rief: »Ach, schüttel mich, schüttel mich! Wir Äpfel sind alle miteinander reif!«

Das Mädchen aber antwortete: »Du kommst mir gerade recht! Es könnte mir ja einer auf den Kopf fallen!« Mit diesen Worten ging es weiter.

Als es zum Haus von Frau Holle kam, fürchtete es sich nicht, denn es hatte ja schon von ihren großen Zähnen gehört.

So begann es gleich für sie zu arbeiten.

Am ersten Tag arbeitete das Mädchen hart. Es war fleißig und gehorchte Frau Holle, wenn sie ihm etwas sagte, denn es dachte an das viele Gold, das sie ihm schenken würde.
Am zweiten Tag fing es aber schon an zu faulenzen. Am dritten noch mehr: Da wollte das Mädchen morgens gar nicht mehr aufstehen. Es machte auch das Bett für Frau Holle nicht, wie es sich gehörte, und schüttelte es nicht, dass die Federn aufflogen.

Frau Holle war das bald leid und sie entließ das faule Mädchen. Dem war das ganz recht, denn es meinte, nun würde der Goldregen kommen.

Frau Holle führte es auch zu dem Tor. Als es aber darunter stand, wurde statt Gold nur ein großer Kessel voll Pech ausgeschüttet.

»Das ist der Lohn für deine Arbeit«, sagte Frau Holle und schloss das Tor.

Das faule Mädchen ging nach Hause. Es war ganz mit Pech
bedeckt.
Und als der Hahn auf dem Brunnen es sah, rief er: »Kikeriki,
unsere schmutzige Jungfrau ist wieder hie.«
Das Pech blieb fest an dem Mädchen hängen und war
sein Leben lang nicht mehr abzuwischen.

# ROTKÄPPCHEN

Daniela Chudzinski

Es war einmal ein kleines Mädchen, das musste man einfach lieb haben. Am allerliebsten aber hatte es seine Großmutter.
Die wusste gar nicht mehr, was sie dem Kind noch alles geben konnte. Einmal schenkte sie ihm ein Käppchen aus rotem Samt. Und weil das dem Mädchen so gut stand und es nichts anderes mehr tragen wollte, hieß es von nun an nur noch »Rotkäppchen«.

Eines Morgens sagte die Mutter zu dem Mädchen: »Hier sind Kuchen und eine Flasche Wein, Rotkäppchen. Bring sie zur Großmutter hinaus. Sie ist krank und schwach und wird sich über den Kuchen freuen. Mach dich auf, bevor es heiß wird. Und wenn du in den Wald kommst, dann spring nicht herum, und vor allem, geh nicht vom Weg ab. Du fällst sonst nur hin und zerbrichst die Flasche. Dann hat die Großmutter nichts davon. Und wenn du in ihre Stube kommst, vergiss nicht, Guten Morgen zu sagen, und guck nicht erst in allen Ecken herum.«

»Ja, mach ich«, sagte Rotkäppchen zu seiner Mutter, gab ihr die Hand darauf und ging los.

Die Großmutter wohnte draußen im Wald, eine halbe Stunde vom Dorf entfernt. Weiter und immer weiter lief Rotkäppchen in den Wald hinein.

Auf einmal stand der Wolf vor ihm. Rotkäppchen wusste nicht, was für ein böses Tier er war, und hatte deshalb keine Angst vor ihm.

»Guten Tag, Rotkäppchen«, sagte der Wolf.

»Guten Tag, Wolf.«

»Wohin gehst du denn so früh?«

»Zur Großmutter.«

»Und was hast du da in deinem Korb?«

»Kuchen und Wein. Gestern haben wir gebacken. Das wird der kranken, schwachen Großmutter gut tun.«

»Wo wohnt denn deine Großmutter, Rotkäppchen?«

»Noch eine gute Viertelstunde von hier, weiter drinnen im Wald. Unter den drei großen Eichen, da steht ihr Haus«, sagte Rotkäppchen.

Der Wolf dachte bei sich: Das junge, zarte Ding, das ist ein leckerer Bissen. Das Kind wird noch besser schmecken als die Großmutter. Wenn ich schlau bin, kann ich beide schnappen!
Er ging eine Weile neben Rotkäppchen her.
Dann sagte er: »Rotkäppchen, sieh mal die bunten Blumen, die überall blühen. Guck dich doch mal um! Ich glaube, du hörst gar nicht, wie schön die Vögel singen. Du schaust weder nach links noch nach rechts, als ob du auf dem Weg zur Schule wärst! Dabei ist es so wunderbar im Wald!«
Rotkäppchen sah sich um. Und als es bemerkte, wie die Sonnenstrahlen durch die Bäume tanzten und dass alles voll schöner Blumen war, dachte es: Wenn ich der Großmutter einen frischen Strauß mitbringe, freut sie sich bestimmt darüber! Es ist so früh am Tag, dass ich dann auch noch rechtzeitig ankomme.
Also verließ Rotkäppchen den Weg und sammelte Blumen. Immer wenn es eine gepflückt hatte, meinte es, etwas weiter weg stünde noch eine schönere, und es lief dorthin.
So geriet das Mädchen immer tiefer in den Wald hinein.

Der Wolf eilte inzwischen geradewegs zum Haus der Großmutter und klopfte an die Tür.
»Wer ist da?«, fragte die alte Frau.
»Rotkäppchen. Ich bringe dir Kuchen und Wein. Mach mir bitte auf!«, antwortete der Wolf mit verstellter Stimme.
»Du musst nur die Klinke herunterdrücken«, rief die Großmutter. »Ich liege im Bett und bin zu schwach, um aufzustehen.«
Der Wolf drückte die Klinke herunter und die Tür sprang auf.
Da stürzte er, ohne ein Wort zu verlieren, zum Bett der Großmutter und verschlang sie. Anschließend zog er ihre Kleider an, setzte sich ihre Haube auf, legte sich in das Bett und zog die Vorhänge zu.

Rotkäppchen war die ganze Zeit auf der Suche nach schönen Blumen umhergelaufen. Als es schließlich so viele zusammenhatte, dass es sie fast nicht mehr tragen konnte, fiel ihm die Großmutter wieder ein und es machte sich auf den Weg zu ihr. Als Rotkäppchen zu ihrem Haus kam, wunderte es sich, dass die Tür aufstand. Und beim Eintreten in die Stube beschlich es ein seltsames Gefühl.
Komisch, dachte es, warum habe ich solche Angst? Ich bin doch sonst so gerne bei der Großmutter!
Rotkäppchen rief »Guten Morgen«, bekam aber keine Antwort.

Also ging es zum Bett und zog die Vorhänge zurück. Da lag die Großmutter und hatte sich die Haube tief ins Gesicht gezogen. Sie sah ganz anders aus als sonst.

»Großmutter, was hast du denn für große Ohren?«, rief das Rotkäppchen verwundert.

»Damit ich dich besser hören kann«, sagte der Wolf mit verstellter Stimme.

»Großmutter, was hast du für große Augen?«

»Damit ich dich besser sehen kann.«

»Großmutter, was hast du für große Hände?«

»Damit ich dich besser packen kann.«

»Aber Großmutter, was hast du für ein entsetzlich großes Maul?«

»Damit ich dich besser fressen kann!«, war die Antwort.

Und kaum hatte der Wolf das gesagt, sprang er auch schon aus dem Bett und verschlang das arme Rotkäppchen.

Nachdem der Wolf seinen Hunger gestillt hatte, legte er sich wieder ins Bett. Er schlief ein und begann laut zu schnarchen. Da ging ein Jäger an dem Haus vorbei. Er hörte den Wolf und dachte: Wie die alte Frau schnarcht! Ich muss doch einmal nachsehen, ob ihr etwas fehlt.
Er trat in die Stube ein und als er vor dem Bett stand, sah er, dass der Wolf darin lag.
»Da bist du ja, du alter Bösewicht«, sagte er.
»Dich habe ich schon lange gesucht.«

Der Jäger wollte gerade sein Gewehr anlegen, da fiel ihm ein, dass der Wolf die Großmutter gefressen haben könnte. Und vielleicht war sie ja noch zu retten. Also schoss er nicht, sondern nahm eine Schere und begann dem schlafenden Wolf den Bauch aufzuschneiden.
Als er ein paar Schnitte getan hatte, sah er ein rotes Käppchen leuchten. Und nach ein paar weiteren Schnitten sprang das Mädchen heraus und rief: »Ach, ich hatte solche Angst! Es war so dunkel im Bauch des Wolfs!«
Schließlich kam auch die Großmutter lebendig heraus.
Sie konnte kaum noch atmen.

Rotkäppchen holte schnell ein paar große Steine.
Damit füllten sie dem Wolf gemeinsam den Bauch.
Als der schließlich aufwachte, wollte er fortspringen,
doch die Steine waren so schwer, dass er zu Boden
stürzte und sofort tot war.

Nun waren die drei glücklich. Die Großmutter und der Jäger aßen den Kuchen und tranken den Wein. Der Großmutter ging es wieder besser. Und Rotkäppchen sagte sich: Ich werde von jetzt an nie mehr vom Weg abgehen und in den Wald laufen, wenn ich es der Mama versprochen habe!

# DIE BREMER STADTMUSIKANTEN

## Heribert Schulmeyer

Es war einmal ein Mann, der hatte einen Esel. Der hatte viele
Jahre die Säcke unermüdlich zur Mühle getragen. Nun gingen
die Kräfte des Esels aber zu Ende und er wurde zur Arbeit immer
untauglicher. Da wollte sich der Herr das Futter sparen und den
Esel töten. Aber der Esel merkte, dass kein guter Wind wehte.
Er lief fort und machte sich auf den Weg nach Bremen.
Denn dort, meinte er, könnte er ja Stadtmusikant werden.

Als er ein Weilchen gegangen war, fand er einen Jagdhund auf dem Weg liegen. Der japste wie einer, der sich müde gelaufen hat.
»Nun, was japst du so, Hund?«, fragte der Esel.
»Ach«, sagte der Hund, »weil ich alt bin, jeden Tag schwächer werde und zur Jagd nicht mehr tauge, wollte mein Herr mich totschlagen. Da habe ich Reißaus genommen. Aber womit soll ich nun mein Brot verdienen?«
»Weißt du was«, sagte der Esel, »ich gehe nach Bremen und werde dort Stadtmusikant. Komm doch auch mit. Ich spiele die Laute und du schlägst die Pauken.«
Der Hund war einverstanden und sie gingen zusammen weiter.

Es dauerte nicht lange, da saß eine Katze am Weg und machte ein Gesicht wie drei Tage Regenwetter.

»Nun, was ist dir in die Quere gekommen, alte Katze?«, fragte der Esel.

»Wer kann lustig sein, wenn es ihm an den Kragen geht«, antwortete die Katze. »Weil ich alt bin und lieber hinter dem Ofen sitze als nach Mäusen zu jagen, wollte meine Frau mich ersäufen. Ich bin davongerannt. Aber nun ist guter Rat teuer: Wo soll ich hin?«

»Geh mit uns nach Bremen. Du verstehst dich doch auf die Nachtmusik. Da kannst du Stadtmusikant werden.«

Die Katze hielt das für gut und ging mit.

Kurz darauf kamen die drei Ausreißer an einem Hof vorbei.
Dort saß der Haushahn und schrie aus Leibeskräften.
»Dein Schreien geht mir durch Mark und Bein«, sagte der Esel.
»Was hast du?«
»Da hab ich gutes Wetter vorausgesagt«, antwortete der Hahn.
»Aber die Hausherrin kannte trotzdem kein Erbarmen. Weil am Sonntag Gäste kommen, soll ich in der Suppe gegessen werden. Heute Abend will mir die Köchin den Kopf abschneiden. Nun schreie ich, so lange ich noch kann.«
»Ach was«, sagte der Esel. »Komm lieber mit uns. Wir gehen nach Bremen. Etwas Besseres als den Tod findest du überall. Du hast eine gute Stimme und kannst mit uns musizieren.«
Der Hahn nahm den Vorschlag an und alle vier gingen zusammen fort.

Sie erreichten aber Bremen nicht in einem Tag. Abends kamen sie in einen Wald, wo sie übernachten wollten. Der Esel und der Hund legten sich unter einen großen Baum, die Katze machte es sich in den Ästen bequem und der Hahn flog bis in die Baumspitze. Dort war es am sichersten für ihn.
Bevor er einschlief, blickte er noch einmal in alle vier Richtungen. Da sah er ein Licht und rief seinen Freunden zu: »Ich glaube, nicht weit von hier steht ein Haus.«
Daraufhin sagte der Esel: »Wir sollten dort hingehen, denn das hier ist ein schlechter Schlafplatz.«
Der Hund meinte, ein paar Knochen und etwas Fleisch dran täten ihm auch gut.
Also machten sie sich auf zu dem Licht.

Bald sahen sie das Licht heller schimmern und es wurde immer größer, bis sie vor ein hell erleuchtetes Räuberhaus kamen.
Der Esel, als der Größte, näherte sich dem Fenster und schaute hinein.
»Was siehst du, Esel?«, fragte der Hahn.
»Was ich sehe?«, antwortete der Esel. »Einen gedeckten Tisch mit leckerem Essen und Trinken. Räuber sitzen daran und lassen es sich gut gehen.«
»Das wäre was für uns«, rief der Hahn.
»Ja, ja. Ach, kämen wir nur hinein!«, sagte der Esel.

Da überlegten die Tiere, wie sie die Räuber hinausjagen könnten. Endlich hatten sie eine Idee. Der Esel musste sich mit den Vorderfüßen auf das Fensterbrett stellen, der Hund auf den Rücken des Esels springen, die Katze auf den Hund klettern und der Hahn auf den Kopf der Katze fliegen. Dann fingen sie alle zusammen an Musik zu machen: Der Esel schrie, der Hund bellte, die Katze miaute und der Hahn krähte.
Plötzlich stürzten sie durch das Fenster in die Stube.
Die Scheiben klirrten. Bei dem entsetzlichen Geschrei erschraken die Räuber. Sie meinten, ein Gespenst käme herein, und flohen in größter Furcht in den Wald.

Nun setzten sich die vier Freunde an den Tisch. Sie aßen, als wenn sie vier Wochen hungern müssten.
Als die vier Musikanten fertig waren, löschten sie das Licht aus und suchten sich einen Schlafplatz.

Der Esel legte sich auf den Mist, der Hund hinter die Tür,
die Katze auf den Herd und der Hahn auf den Hahnenbalken.
Und weil sie so müde waren von ihrem langen Weg, schliefen
sie auch bald ein.

Als Mitternacht vorbei war, sahen die Räuber, dass kein Licht mehr brannte.

Da sagte der Hauptmann: »Wir hätten uns nicht ins Bockshorn jagen lassen sollen.« Er befahl einem seiner Männer hinzugehen und das Haus zu untersuchen.

Der Räuber fand alles still vor und wollte in der Küche ein Licht anzünden. Weil er die feurigen Augen der Katze für glühende Kohlen ansah, hielt er ein Schwefelhölzchen daran, damit es Feuer fing. Aber die Katze verstand keinen Spaß. Sie sprang ihm ins Gesicht, spie und kratzte. Da erschrak der Räuber gewaltig und wollte zur Hintertür hinauslaufen. Aber der Hund, der da lag, sprang auf und biss ihm ins Bein. Als er über den Hof am Mist vorbeirannte, gab ihm der Esel noch einen kräftigen Schlag mit dem Hinterfuß. Der Hahn aber, der durch den Lärm geweckt worden war, rief vom Balken herab: »Kikeriki!«

Da lief der Räuber, so schnell er konnte, zu seinem Hauptmann zurück und sagte: »In dem Haus sitzt eine gräuliche Hexe. Sie hat mich angehaucht und mit ihren langen Fingern das Gesicht zerkratzt. Und vor der Tür steht ein Mann mit einem Messer. Er hat mich ins Bein gestochen. Und auf dem Hof liegt ein schwarzes Ungetüm. Es hat mit einer Holzkeule auf mich losgeschlagen. Und oben auf dem Dach sitzt ein Richter. Er rief: ›Bringt mir den Schuft her!‹ Da machte ich, dass ich fortkam.«

Von nun an wagten sich die Räuber nicht mehr in das Haus.
Den vier Bremer Stadtmusikanten gefiel es aber so gut darin,
dass sie nicht wieder wegwollten.
Und der das zuletzt erzählt hat, dem ist der Mund noch warm.

# DER WOLF UND DIE SIEBEN GEISSLEIN

Susanne Smajić

Es war einmal eine Geiß, die hatte sieben Kinder.
Und sie hatte sie alle sehr lieb.
Eines Tages wollte sie in den Wald gehen und Futter holen.
Da rief sie die sieben Geißlein herbei und sagte: »Kinder, ich will hinaus in den Wald. Hütet euch vor dem Wolf! Wenn er hereinkommt, frisst er euch alle mit Haut und Haaren. Der Bösewicht verstellt sich oft, aber an seiner rauen Stimme und an seinen schwarzen Pfoten werdet ihr ihn gleich erkennen.«
Die Geißlein sagten: »Wir passen schon auf uns auf.
Du kannst ruhig gehen.«
Da war Mutter Geiß erleichtert und machte sich auf den Weg.

Es dauerte nicht lange und jemand klopfte an die Haustür und rief: »Macht auf, Kinder! Eure Mama ist da und hat jedem von euch etwas mitgebracht.«
Aber die Geißlein hörten an der rauen Stimme, dass es der Wolf war.
»Wir machen nicht auf!«, riefen sie. »Du bist nicht unsere Mama! Die hat nämlich eine helle und ganz liebe Stimme, deine Stimme dagegen ist rau. Du bist der Wolf!«

Da ging der Wolf in einen Laden und kaufte sich ein großes Stück Kreide. Das aß er und seine Stimme wurde hell. Schließlich kam er zurück, klopfte an die Haustür und rief: »Macht auf, Kinder! Eure Mama ist da und hat jedem von euch etwas mitgebracht.«
Aber der Wolf hatte seine schwarze Pfote ans Fenster gelegt. Das sahen die Kinder und riefen: »Wir machen nicht auf! Unsere Mama hat keine schwarze Pfote wie du. Du bist der Wolf!«

Da lief der Wolf zu einem Bäcker und sagte: »Ich habe mich an der Pfote gestoßen, streich mir Teig darüber.«
Und als ihm der Bäcker die Pfote bestrichen hatte, lief er zum Müller und forderte: »Streu mir weißes Mehl auf meine Pfote.«
Erst weigerte sich der Müller.
Aber der Wolf drohte: »Wenn du es nicht tust, fresse ich dich.«
Da fürchtete sich der Müller und machte ihm die Pfote weiß.

Nun ging der Bösewicht zum dritten Mal zur Haustür, klopfte an und sagte: »Macht mir auf, Kinder! Eure Mama ist heimgekommen und hat jedem von euch etwas aus dem Wald mitgebracht.«
Die Geißlein riefen: »Zeig uns erst deine Pfote, damit wir wissen, dass du unsere Mama bist!«
Da legte er die Pfote ans Fenster. Da sie weiß war, glaubten sie, dass er ihre Mutter war, und machten die Tür auf.

Wer aber hereinkam, war der Wolf!
Die Geißlein erschraken und wollten sich verstecken.
Das erste sprang unter den Tisch, das zweite ins Bett, das dritte
in den Ofen, das vierte in die Küche, das fünfte in den Schrank,
das sechste unter die Waschschüssel und das siebte
in den Kasten der Standuhr.
Aber der Wolf fand sie alle und überlegte nicht lange:
Eins nach dem anderen verschwand in seinem Rachen!
Nur das jüngste im Uhrkasten, das fand er nicht.
Als der Wolf satt war, schleppte er sich fort, legte
sich draußen auf der grünen Wiese unter einen
Baum und schlief ein.

Kurz darauf kam Mutter Geiß aus dem Wald heim.
Ach, was erwartete sie da! Die Haustür stand sperrangelweit offen.
Tisch, Stühle und Bänke waren umgeworfen. Die Waschschüssel
lag in Scherben auf dem Boden. Decken und Kissen waren von den
Betten gezogen.
Die Mutter suchte ihre Kinder, aber sie waren nirgends zu finden.
Sie rief sie nacheinander bei ihren Namen, doch keines antwortete.
Endlich, als sie das jüngste nannte, rief eine ängstliche Stimme:
»Ich stecke im Uhrkasten!«
Sie holte das Geißlein heraus und es erzählte ihr, dass der Wolf
gekommen sei und die anderen alle gefressen habe.
Da weinte die Mutter vor Kummer und drückte das siebte Geißlein
ganz fest an sich.

Schließlich gingen die beiden jammernd aus dem Haus.
Als sie auf die Wiese kamen, lag dort der Wolf unter dem Baum und schnarchte, dass die Äste zitterten.
Mutter Geiß betrachtete ihn von allen Seiten und sah, dass sich in seinem dicken Bauch noch etwas regte und zappelte.
Da dachte sie: Sind meine Kinder, die er zum Abendbrot verschlungen hat, vielleicht doch noch am Leben?

Das Geißlein musste nach Hause laufen und Schere, Nadel und Faden holen. Dann schnitt die Mutter dem Wolf den Bauch auf.
Kaum hatte sie einen Schnitt getan, streckte schon ein Geißlein den Kopf heraus. Und als sie weiterschnitt, sprangen nacheinander alle sechs heraus.
Sie waren also noch am Leben und es war ihnen nichts passiert.
Der Wolf hatte sie nämlich in seiner Gier ganz hinuntergeschluckt!
Das war eine Freude! Die Kinder umarmten ihre Mutter und hüpften übermütig herum.

Da sagte Mutter Geiß: »Jetzt geht und sucht große Steine. Damit wollen wir dem Bösewicht den Bauch füllen, solange er noch schläft.«

Also schleppten die sieben Geißlein in aller Eile Steine herbei und steckten ihm so viele davon in den Bauch, wie sie hineinbringen konnten.

Dann nähte Mutter Geiß ihn in Windeseile wieder zu, sodass der Wolf nichts merkte und sich nicht einmal regte.

Schließlich hatte der Wolf ausgeschlafen. Und weil er wegen der Steine in seinem Magen sehr durstig war, wollte er zum Brunnen gehen und trinken.
Als er aufstand, stießen die Steine in seinem Bauch aneinander und rappelten. Der Wolf wunderte sich: »Was rumpelt und pumpelt in meinem Bauch herum? Ich dachte, es wären sechs Geißlein, aber es sind lauter Steine!«
Und als er an den Brunnen kam und sich über das Wasser beugte, um zu trinken, da zogen ihn die schweren Steine hinein und er ertrank.

Die sieben Geißlein sahen das und kamen herbeigelaufen.
Sie riefen laut: »Der Wolf ist tot! Der Wolf ist tot!«
Und weil sie sich so freuten, tanzten sie mit ihrer Mutter
um den Brunnen herum.

# DER FROSCHKÖNIG

## Daniela Chudzinski

Zu der Zeit, als das Wünschen noch half, lebte ein König.
Seine Töchter waren alle schön. Aber seine jüngste war so schön, dass selbst die Sonne, die doch schon so vieles gesehen hatte, staunte.
In der Nähe des Schlosses lag ein großer dunkler Wald. Und darin war unter einer alten Linde ein Brunnen. Wenn es nun sehr heiß war, ging die Königstochter hinaus in den Wald und setzte sich an den Rand des kühlen Brunnens. Und wenn sie Langeweile hatte, nahm sie eine goldene Kugel, warf sie in die Höhe und fing sie wieder auf. Das war ihr Lieblingsspiel.

Nun geschah es einmal, dass die Königstochter die goldene Kugel nicht wieder auffing, als sie sie in die Höhe geworfen hatte. Die Kugel fiel in den Brunnen und verschwand. Die Königstochter folgte ihr mit den Augen, aber der Brunnen war so tief, dass man den Grund nicht sah. Da fing sie an zu weinen und weinte immer lauter und konnte gar nicht mehr aufhören.

Und wie sie so jammerte, rief ihr jemand zu: »Was ist denn, Königstochter? Du weinst ja so, dass sogar ein Stein erweichen würde.«
Sie sah sich um, woher die Stimme kam. Da erblickte sie auf dem Brunnen einen hässlichen Frosch.
»Ach, du bist es, alter Frosch«, sagte sie. »Ich weine um meine goldene Kugel, die mir in den Brunnen gefallen ist.«
»Sei still und weine nicht«, antwortete der Frosch. »Ich kann dir helfen. Aber was gibst du mir, wenn ich dein Spielzeug heraufhole?«
»Was du haben willst, lieber Frosch«, sagte die Prinzessin, »meine Kleider, meine Perlen und Edelsteine, auch meine goldene Krone, die ich trage.«

Der Frosch antwortete: »Deine Kleider, deine Perlen und Edelsteine und deine goldene Krone, die will ich nicht. Aber wenn du mich lieb hast und mich zu deinem Spielkameraden machst, der an deinem Tischlein neben dir sitzt, von deinem goldenen Tellerlein isst, aus deinem Becherlein trinkt und in deinem Bettlein schläft: Wenn du mir das versprichst, dann will ich hinuntertauchen und dir die goldene Kugel wieder heraufholen.«

»Ach ja«, sagte die Königstochter. »Ich verspreche dir alles, was du willst. Wenn du mir nur die Kugel wiederbringst.«

Sie dachte aber: Was schwätzt der dumme Frosch nur! Der sitzt im Wasser bei seinesgleichen und quakt. Der Spielkamerad eines Menschen kann er nicht sein.

Als der Frosch die Zusage erhalten hatte, sprang er ins Wasser und tauchte hinab. Nach einem Weilchen kam er wieder heraufgerudert und hatte die Kugel im Maul. Er warf sie ins Gras.

Die Königstochter war überglücklich, als sie ihr Spielzeug wiederhatte. Sie hob es auf und sprang damit fort.

»Warte, warte!«, rief der Frosch. »Nimm mich mit! Ich kann nicht so schnell laufen wie du.«

Aber er konnte so laut quaken, wie er wollte. Es half ihm nichts! Die Königstochter achtete nicht darauf und eilte nach Hause.

Sie hatte den armen Frosch bald vergessen, der wieder in seinen Brunnen hinuntersteigen musste.

Am nächsten Abend, als die Königstochter mit dem König und der Königin beim Essen war und von ihrem goldenen Tellerlein aß, da kam – plitsch-platsch, plitsch-platsch – etwas die Treppe zum Schloss heraufgekrochen. Oben angelangt klopfte es an die Tür und rief: »Königstochter, mach mir auf!«
Sie ging und wollte nachsehen, wer draußen stand. Als sie aber aufmachte, saß der Frosch vor ihr. Da warf sie die Tür hastig zu, setzte sich wieder an den Tisch und ihr war angst und bang.

Der König sah, dass ihr Herz gewaltig klopfte, und fragte: »Mein Kind, wovor fürchtest du dich denn? Steht etwa ein Riese vor der Tür und will dich holen?«

»Ach nein«, antwortete sie. »Es ist kein Riese, sondern ein widerlicher Frosch.«

»Was will der Frosch von dir?«

»Ach, lieber Vater, als ich gestern im Wald bei dem Brunnen saß und spielte, da fiel meine goldene Kugel ins Wasser. Weil ich so weinte, hat sie der Frosch wieder heraufgeholt. Und da versprach ich ihm, er dürfe mein Spielkamerad werden. Aber ich dachte nicht, dass er aus seinem Wasser herauskann. Nun steht er vor der Tür und will zu mir herein.«

In diesem Augenblick klopfte es zum zweiten Mal und man hörte es rufen: »Königstochter, mach mir auf. Weißt du nicht mehr, was du gestern beim Brunnen gesagt hast? Königstochter, mach mir auf!«

Da sagte der König: »Was du versprochen hast, musst du auch halten. Geh und mach ihm auf.«

Die Königstochter ging und öffnete die Tür. Da hüpfte der Frosch herein und folgte ihr bis zu ihrem Stuhl. Da saß er und rief: »Heb mich hinauf zu dir!«
Sie zögerte, bis es ihr schließlich der König befahl. Als der Frosch auf dem Stuhl war, wollte er auf den Tisch. Und als er da saß, sagte er: »Nun schieb dein goldenes Tellerchen zu mir, damit wir zusammen essen können!« Das tat sie zwar, aber man sah ihr an, dass sie es nicht gerne tat. Der Frosch ließ es sich schmecken. Aber ihr blieb jeder Bissen im Hals stecken.

Schließlich sagte der Frosch: »Jetzt bin ich satt und müde. Trag mich in dein Zimmer und mach mir dein seidenes Bett zurecht. Dann legen wir uns schlafen.«

Die Königstochter fing an zu weinen. Sie fürchtete sich vor dem kalten Frosch, den sie sich nicht anzufassen traute und der in ihrem Bett schlafen wollte. Der König aber wurde zornig und sagte: »Wer dir geholfen hat, als du in Not warst, den sollst du hinterher nicht verachten.«

Da packte die Königstochter den Frosch mit zwei Fingern, trug ihn in ihr Zimmer hinauf und setzte ihn in eine Ecke. Als sie aber im Bett lag, kam er angekrochen und sagte: »Ich bin müde. Ich will so bequem schlafen wie du. Heb mich hinauf oder ich sag es deinem Vater.«

Daraufhin wurde das Mädchen bitterböse. Es hob den Frosch hoch und warf ihn mit aller Kraft gegen die Wand. »Wirst du nun endlich Ruhe geben, du widerlicher Frosch!«
Als er aber herunterfiel, war er kein Frosch mehr, sondern ein Königssohn mit schönen freundlichen Augen. Und er erzählte der Königstochter, er sei von einer bösen Hexe verwünscht worden. Niemand hätte ihn aus dem Brunnen erlösen können außer ihr. Nun sollten sie Mann und Frau werden.

Als die Sonne sie am nächsten Morgen weckte, kam ein Wagen herbeigefahren. Er war mit acht weißen Pferden bespannt, die weiße Federn auf dem Kopf hatten und ein goldenes Geschirr trugen.
Hinten auf der Kutsche stand der Diener des jungen Königs. Das war der treue Heinrich. Er war so traurig gewesen, als sein Herr in einen Frosch verwandelt worden war, dass er sich drei eiserne Bänder um sein Herz legen ließ, damit es nicht vor Traurigkeit zersprang.

Mit der Kutsche wollte der treue Heinrich den jungen König nach Hause in sein Reich bringen. Er half dem Paar beim Einsteigen und stellte sich glücklich hinten auf den Wagen. Da drehte sich der junge König um und rief: »Heinrich, der Wagen bricht!«

»Nein, Herr, der Wagen nicht,
es ist ein Band von meinem Herzen,
das da lag in großen Schmerzen,
als Ihr in dem Brunnen saßt.«

Noch einmal und noch einmal krachte es auf dem Weg. Und immer dachte der Königssohn, der Wagen bräche. Aber es waren nur die Bänder, die vom Herzen des treuen Heinrich absprangen, weil sein Herr erlöst und glücklich war.

# DORNRÖSCHEN

Imke Sönnichsen

Es waren einmal ein König und eine Königin, die sagten jeden Tag: »Ach, wenn wir doch ein Kind hätten!«
Aber sie bekamen keins.
Als die Königin einmal am Brunnen saß, kroch ein Frosch aus dem Wasser. Er sagte: »Dein Wunsch wird erfüllt werden. Ehe ein Jahr vergeht, wirst du eine Tochter zur Welt bringen.«

Was der Frosch gesagt hatte, geschah und die Königin gebar ein Mädchen. Es war so schön, dass der König vor Freude ein großes Fest feiern wollte. Er lud nicht bloß seine Verwandten, Freunde und Bekannten, sondern auch die weisen Frauen dazu ein.
Sie sollten dem Kind Glück bringen.

Es gab dreizehn weise Frauen im Reich. Weil der König aber nur zwölf goldene Teller hatte, musste eine von ihnen zu Hause bleiben. Das Fest wurde mit aller Pracht gefeiert. Und als es zu Ende war, beschenkten die weisen Frauen das Kind mit ihren Wundergaben: die eine mit Tugend, die andere mit Schönheit, die dritte mit Reichtum und so mit allem, was auf der Welt zu wünschen ist.

Als elf ihre Geschenke überbracht hatten, trat plötzlich die Dreizehnte herein. Sie wollte sich dafür rächen, dass sie nicht eingeladen war. Ohne jemanden zu grüßen oder nur anzusehen, rief sie mit lauter Stimme: »Die Königstochter soll sich in ihrem fünfzehnten Jahr an einer Spindel stechen und tot umfallen!«
Nach diesen Worten drehte sie sich um und verließ den Saal.
Alle waren erschrocken, da trat die Zwölfte hervor, die ihren Wunsch noch nicht ausgesprochen hatte.
Weil sie den bösen Spruch nicht aufheben, sondern nur mildern konnte, sagte sie: »Es soll aber kein Tod sein, sondern ein hundertjähriger, tiefer Schlaf, in welchen die Königstochter fällt.«

Der König wollte sein Kind vor dem Unglück bewahren. Er gab daher den Befehl aus, dass alle Spindeln im ganzen Königreich verbrannt werden sollten. An dem Mädchen aber gingen alle Wünsche der weisen Frauen in Erfüllung. Es war so schön, bescheiden, freundlich und klug, dass es jeder lieb haben musste.

An dem Tag, an dem es fünfzehn Jahre alt wurde, waren der König und die Königin nicht zu Hause. Das Mädchen blieb ganz alleine im Schloss zurück. Da ging es überall herum, sah sich Stuben und Kammern an, wie es Lust hatte. Schließlich kam es auch an einen alten Turm. Es stieg die enge Wendeltreppe hinauf und gelangte zu einer kleinen Tür. Im Schloss steckte ein verrosteter Schlüssel. Als es ihn umdrehte, sprang die Tür auf. Und da saß in einem kleinen Stübchen eine alte Frau mit einer Spindel und spann Garn.

»Guten Tag, du altes Mütterchen«, sagte die Königstochter.
»Was machst du da?«
»Ich spinne Garn«, sagte die Alte und nickte mit dem Kopf.
»Was ist das für ein Ding, das so lustig herumspringt?«, fragte das Mädchen. Es nahm die Spindel und wollte auch damit spinnen. Kaum hatte es aber die Spindel berührt, da ging der Zauberspruch in Erfüllung und es stach sich in den Finger.
In dem Augenblick aber, als das Mädchen den Stich spürte, sank es auf das Bett und fiel in einen tiefen Schlaf.

Und dieser Schlaf verbreitete sich über das ganze Schloss. Der König und die Königin, die eben nach Hause kamen und in den Saal traten, schliefen ein und der ganze Hofstaat mit ihnen. Die Pferde im Stall, die Hunde auf dem Hof, die Tauben auf dem Dach, die Fliegen an der Wand, ja, sogar das Feuer, das im Herd flackerte, wurden still und schliefen ein. Der Braten hörte auf zu brutzeln und der Koch, der dem Küchenjungen, weil er etwas angestellt hatte, eine Ohrfeige geben wollte, ließ ihn los und schlief ein. Und der Wind legte sich und auf den Bäumen vor dem Schloss regte sich kein Blättchen mehr.

Rings um das Schloss aber wuchs eine Dornenhecke, die jedes Jahr höher wurde. Bis sie schließlich über das ganze Schloss hinaus wuchs, sodass gar nichts mehr davon zu sehen war, nicht einmal die Fahne auf dem Dach.

Es ging aber die Sage um von dem schönen, schlafenden Dornröschen, so wurde die Königstochter genannt. Deshalb kamen von Zeit zu Zeit Königssöhne, die durch die Hecke in das Schloss dringen wollten. Sie schafften es jedoch nicht. Die Dornen hielten so fest zusammen, als hätten sie Hände, und die Jünglinge blieben stecken.

Nach langen Jahren kam wieder einmal ein Königssohn in das Land. Er hörte von einem alten Mann, dass hinter der Dornenhecke ein Schloss sei, in dem Dornröschen, eine wunderschöne Königstochter, schon seit hundert Jahren schlafe. Und schon viele Königssöhne seien gekommen, aber sie seien alle in der Dornenhecke hängen geblieben. Da sagte der Königssohn: »Ich fürchte mich nicht. Ich will hinein und das schöne Dornröschen sehen.«
Der gute Alte wollte ihm abraten, doch der Königssohn hörte nicht auf seine Worte.

Nun waren gerade die hundert Jahre vorüber. Der Tag war gekommen, an dem Dornröschen wieder erwachen sollte. Als sich der Königssohn der Dornenhecke näherte, wurden daraus lauter große, schöne Blumen. Die gingen von selbst auseinander und ließen ihn hindurch. Hinter ihm schlossen sie sich wieder zu einer Hecke.
Im Schlosshof sah er die Pferde und scheckigen Jagdhunde liegen und schlafen. Auf dem Dach saßen die Tauben und hatten die Köpfchen unter die Flügel gesteckt. Und als er ins Haus kam, schliefen die Fliegen an der Wand. Der Koch hielt noch die Hand, als wollte er den Jungen ohrfeigen. Und die Magd saß vor dem schwarzen Huhn, das gerupft werden sollte. Da ging er weiter und sah im Saal den ganzen Hofstaat liegen und schlafen. Beim Thron lagen der König und die Königin. Dann ging er noch weiter und alles war so still, dass er seinen Atem hören konnte.
Endlich kam er zu dem Turm und öffnete die Tür zu der kleinen Stube, in der Dornröschen schlief. Da lag es und war so schön, dass er die Augen nicht abwenden konnte. Er bückte sich und gab ihm einen Kuss.

Als er es berührt hatte, schlug Dornröschen die Augen auf und erwachte. Es blickte ihn ganz freundlich an. Dann gingen sie zusammen hinunter. Der König und die Königin erwachten und mit ihnen der ganze Hofstaat. Die Pferde im Hof standen auf und schüttelten sich. Die Jagdhunde sprangen auf die Beine und wedelten mit den Schwänzen. Die Tauben auf dem Dach zogen die Köpfchen unter den Flügeln hervor, sahen umher und flogen davon. Die Fliegen an den Wänden krochen weiter. Das Feuer in der Küche flackerte wieder und kochte das Essen. Der Braten fing wieder an zu brutzeln. Der Koch gab dem Jungen die Ohrfeige. Und die Magd rupfte das Huhn fertig.
Die Hochzeit des Königssohnes mit dem Dornröschen wurde in aller Pracht gefeiert und sie lebten glücklich bis an ihr Ende.

# RUMPELSTILZCHEN

## Kathrin Treuber

Es war einmal ein armer Müller, der eine sehr schöne Tochter hatte. Eines Tages sprach er mit dem König. Um einen besseren Eindruck zu erwecken, sagte er zu ihm: »Ich habe eine Tochter, die kann Stroh zu Gold spinnen.«

Der König sagte: »Das ist eine Fertigkeit, die mir sehr gut gefällt. Wenn deine Tochter so geschickt ist, wie du sagst, dann bringe sie morgen in mein Schloss. Da werde ich sie auf die Probe stellen.«

Als das Mädchen schließlich zu ihm gebracht wurde, führte er es in eine Kammer voller Stroh.
Er gab ihm Spinnrad und Haspel und sagte: »Jetzt mache dich an die Arbeit. Wenn du das Stroh bis morgen früh nicht zu Gold versponnen hast, musst du sterben.«
Daraufhin schloss er die Kammer zu und das Mädchen blieb allein zurück. Da saß die arme Müllerstochter nun und wusste sich nicht zu helfen. Sie konnte gar kein Stroh zu Gold spinnen. Ihre Angst wurde immer größer, sodass sie schließlich zu weinen begann.

Auf einmal ging die Tür auf und ein kleines Männchen kam herein.
Es sagte: »Guten Abend, Müllerstochter. Warum weinst du so sehr?«
»Ach«, antwortete das Mädchen, »ich soll Stroh zu Gold spinnen und kann das nicht.«
Das Männchen fragte: »Was gibst du mir, wenn ich's dir spinne?«
»Meine Halskette«, sagte das Mädchen.
Das Männchen nahm die Kette, setzte sich an das Spinnrad – und schnurr, schnurr, schnurr, dreimal gezogen, war die Spule voll.
Dann steckte es eine andere Spule auf – und schnurr, schnurr, schnurr, dreimal gezogen, da war auch die zweite voll.
Und so ging es weiter bis zum Morgen, da war das ganze Stroh versponnen und alle Spulen waren voll Gold.

Bei Sonnenaufgang kam auch schon der König. Als er das Gold erblickte, war er ganz erstaunt und hocherfreut.

Aber er wurde auch gierig nach noch mehr Gold. Also ließ er die Müllerstochter in eine andere Kammer voll Stroh bringen, die noch viel größer war.

Dann befahl er ihr unter Todesdrohung, das ganze Stroh ebenfalls in einer Nacht zu verspinnen. Das Mädchen wusste sich nicht zu helfen und weinte.

Da ging wieder die Tür auf und das kleine Männchen erschien und fragte: »Was gibst du mir, wenn ich dir das Stroh zu Gold spinne?«
»Meinen Ring am Finger«, antwortete das Mädchen.
Das Männchen nahm den Ring, fing wieder an mit dem Spinnrad zu schnurren und hatte bis zum Morgen das ganze Stroh zu glänzendem Gold versponnen.

Der König freute sich ungemein über den Anblick, hatte aber immer noch nicht genug von dem Gold.
Er ließ die Müllerstochter in eine noch größere Kammer voll Stroh bringen und sagte: »Das alles musst du noch in der Nacht verspinnen. Gelingt es dir, so sollst du meine Frau werden.«
Er dachte nämlich: Auch wenn es nur eine Müllerstochter ist, eine reichere Frau finde ich auf der ganzen Welt nicht.

Als das Mädchen allein war, kam das Männchen zum dritten Mal wieder und fragte: »Was gibst du mir, wenn ich dir auch dieses Mal wieder das Stroh spinne?«
»Ich habe nichts mehr, was ich dir geben könnte«, antwortete das Mädchen.
»Dann versprich mir, dass du mir, wenn du Königin wirst, dein erstes Kind überlässt.«
Wer weiß, was noch geschieht, dachte die Müllerstochter.
Außerdem wusste sie sich in ihrer Not nicht anders zu helfen.
Also versprach sie dem Männchen, was es verlangte.
Dafür spann das Männchen noch einmal das Stroh zu Gold.
Und als der König am Morgen kam und alles so vorfand, wie er es gewünscht hatte, heiratete er die schöne Müllerstochter und sie wurde Königin.

Nach über einem Jahr brachte sie ein hübsches Kind zur Welt und dachte gar nicht mehr an das Männchen.
Da kam es plötzlich in ihre Kammer und sagte: »Nun gib mir, was du mir versprochen hast.«
Die Königin erschrak und bot dem Männchen alle Reichtümer des Königreiches an, wenn es sie das Kind behalten ließ. Aber das Männchen sprach: »Nein, etwas Lebendes ist mir lieber als alle Schätze dieser Welt.«
Da fing die Königin an so zu jammern und zu weinen, dass das Männchen Mitleid mit ihr hatte. »Drei Tage werde ich dir Zeit lassen«, sagte es. »Wenn du bis dahin meinen Namen weißt, kannst du dein Kind behalten.«

Die ganze Nacht über versuchte sich die Königin daraufhin an alle Namen zu erinnern, die sie jemals gehört hatte.
Außerdem schickte sie einen Boten über das Land, der sich überall erkundigen sollte, was es sonst noch für Namen gab.
Als das Männchen am nächsten Tag kam, fing sie mit Kaspar, Melchior, Balthasar an und sagte dann alle Namen, die sie wusste, der Reihe nach auf.
Aber bei jedem sagte das Männchen: »So heiß ich nicht.«

Am zweiten Tag ließ die Königin in der Nachbarschaft herumfragen, wie die Leute dort genannt wurden, und sagte dem Männchen anschließend die ungewöhnlichsten und seltsamsten Namen auf: »Heißt du vielleicht Rippenbiest oder Hammelwade oder Schnürbein?«
Aber es antwortete immer: »So heiß ich nicht.«

Am dritten Tag kam der Bote wieder zurück und erzählte: »Neue Namen habe ich nicht finden können. Aber als ich an einen Waldrand am Fuße eines hohen Berges kam, wo Fuchs und Hase sich Gute Nacht sagen, sah ich dort ein kleines Haus. Davor brannte ein Feuer und um das Feuer herum sprang ein lächerliches Männchen. Es hüpfte auf einem Bein und schrie:

›Heute back ich, morgen brau ich,
übermorgen hol ich der Königin ihr Kind;
ach, wie gut, dass niemand weiß,
dass ich Rumpelstilzchen heiß!‹«

Ihr könnt euch denken, wie froh die Königin war, als sie den Namen hörte! Als kurz darauf das Männchen hereinkam und fragte: »Nun, Frau Königin, wie heiße ich?«, fragte sie zunächst:
»Heißt du Kunz?«
»Nein.«
»Heißt du Heinz?«
»Nein.«
»Heißt du etwa Rumpelstilzchen?«
»Das hat dir der Teufel gesagt! Das hat dir der Teufel gesagt!«, schrie das Männchen und stieß vor Zorn mit dem rechten Fuß so tief in die Erde, dass es darin verschwand.

# ES WAREN EINMAL ...

fünf Illustrator/innen, sieben Märchentexte und jede Menge Bildideen

Anno 1812 veröffentlichten die Brüder Jacob und Wilhelm Grimm den ersten Band ihrer »Kinder- und Hausmärchen«, dem 1815 der zweite Band folgte. Auf zahlreichen Reisen hatten die beiden Brüder über 150 Märchen zusammengetragen, die bis dahin nur durch mündliches Erzählen weitergegeben worden waren. Mit ihrer Sammlung machten die Brüder Grimm nicht nur eine breite Öffentlichkeit mit der volkstümlichen Erzählkunst bekannt, sondern gaben auch Antworten auf menschliche Befindlichkeiten universeller Art.

Wohl deshalb haben die Grimm'schen Märchen 200 Jahre später nichts von ihrer Wirkung eingebüßt, wenngleich sich die Rezeptionsbedingungen veränderten. So manchem Märchenfreund wird beim Anblick von Ludwig Richters Illustration vielleicht ganz wehmütig ums Herz werden, denn: Wo tummeln sich heutzutage noch im Kinderzimmer die Großen und Kleinen, um der Großmutter beim Vorlesen zuzuhören? Schon längst scheinen die medialen Errungenschaften der Neuzeit, die Hörkassetten, Videofilme und Computerspiele, die »sozialen Vermittler« zu ersetzen. Ein Knopfdruck und die Rasselbande ist ruhig gestellt! Dennoch (oder trotz alledem) gehören die traditionellen Märchen nach wie vor zum festen Bestandteil heutiger Kinderkultur.

Für den bekannten Pädagogen und Psychoanalytiker Bruno Bettelheim liegen die Ursachen dafür vorrangig in der inhaltlichen und formalen Gestaltung von Märchen begründet. »Je mehr ich mich bemühte zu verstehen, warum das Märchen so bezeichnend für das innere Leben des Kindes ist«, erklärt Bettelheim näher, »umso klarer wurde mir, dass das Märchen in einem viel tieferen Sinn als jede andere Lektüre dort einsetzt, wo sich das Kind in seiner seelischen und emotionalen Existenz befindet« (1991[15], 12). Vor allem die Inhalte der Märchen, die verschiedene Aspekte menschlicher Erfahrung wie z. B. Angst und Gewalt oder Liebe und Hoffnung berühren, bieten den Heranwachsenden sprach- und bildästhetische Leseangebote, die Gleichnisse zu ihren Alltagserfahrungen herstellen (können). Wie die Themen sind auch die Botschaften von Märchen relativ überschaubar. Häufig stehen soziale, emotionale oder ethisch-moralische Botschaften im Vordergrund und immer siegt das Gute über das Böse. Doch nicht allein die Themen und Motive von Märchen wiederholen sich, auch ihre formale Gestaltung folgt

einem Schema. So zeichnet sich die sprachliche Gestaltung der Grimm'schen Märchen durch Einfachheit, Verständlichkeit und eine Tendenz zur Allgemeingültigkeit aus. Sie sollen gewährleisten, dass Märchentexte leicht rezipierbar und gut nacherzählbar sind. Trotz wiederkehrender inhaltlicher und formaler Merkmale sind Märchen aber durchaus keine leichte Kost. Sie besitzen, ganz im Sinne ästhetisch anspruchsvoller Literatur, verschiedene Symbolebenen, die interpretierend zu erschließen sind. Diese implizierte Deutungsvielfalt begründet auch das anhaltende Interesse bildender Künstler am literarischen Genre des Märchens. Ja, es ist sogar zu vermuten, dass es gerade die Verbindung zwischen einer einfachen äußeren Form und der Vieldeutigkeit des Inhalts ist, die die Phantasie des Einzelnen beim Hören und Lesen von Märchen immer wieder herausfordert. Als Beleg dafür sei die einzigartige Märchensammlung des Ehepaars Elisabeth und Richard Waldmann erwähnt, die allein 800 unterschiedlich illustrierte Ausgaben des Märchens »Rotkäppchen« umfasst! Im Hinblick auf die Fülle vorhandener artifizieller Deutungsangebote steht demzufolge auch das vorliegende Märchenbilderbuch in einer langen Tradition bildkünstlerischer Märchenillustration. Darüber hinaus stellen die sieben ausgewählten Märchen wahre Klassiker der Grimm'schen Märchensammlung dar, von denen nicht allein das »Rotkäppchen« bereits häufig illustriert wurde. Angesichts dieser Optionen kann es für junge Illustrator/innen bei der bildnerischen Umsetzung dieser Märchen im Grunde nur einen Weg geben: unvoreingenommen und innovativ ein eigenes Deutungsangebot zu erarbeiten. Was nun die fünf Illustrator/innen, die meisten um die 30 Jahre jung, aus den bekannten sieben Märchentexten für darstellungswert empfinden und wie sie es bildnerisch wiedergeben, soll im Folgenden näher betrachtet werden.

**Daniela Chudzinski,** die Illustratorin der Märchentexte »Rotkäppchen« und »Froschkönig« zum Beispiel, arbeitet bei ihren Märchenillustrationen bevorzugt in einem malerisch-expressiven Stil, bei dem die Bildfarbigkeit als zentrales Gestaltungsmittel in den Vordergrund tritt. In satten, kräftigen Farben führt sie dem Betrachter eine Märchenwelt vor Augen, die vor Sinnlichkeit und Lebendigkeit nur so sprüht. Sowohl im »Froschkönig« als auch bei »Rotkäppchen« übernimmt der Wechsel der Bildräume, zwischen dem Draußen (z. B. Wald) und dem Drinnen (z. B. Haus) eine wichtige erzähldramaturgische Funktion. Auch innerhalb gleicher Bildräume, z. B. dem Haus der Großmutter in »Rotkäppchen«, nutzt die Illustratorin geschickt den Wechsel der Perspektive aus, um Span-

nung zu erzeugen. So schaut der Betrachter gleichsam mit den Augen des Wolfes in das Zimmer der Großmutter hinein, während sich im folgenden Bild der Blick zur Tür richtet, wo Rotkäppchen erwartet wird. Der bedrohlich große Schatten des Wolfes deutet zwar bereits auf eine schreckliche Tat hin, überlässt es aber dem Betrachter, die Leerstelle mit eigenen Bildern (und Worten) zu füllen.

Ähnlich bedrohliche Momente gibt es auch im Märchen »Der Wolf und die sieben Geißlein«, das **Susanne Smajić** illustriert hat, zu überstehen. Doch während Chudzinski die drohende Gefahr symbolisch verschlüsselt, ist sie in den Bildern von Smajić sichtbar präsent. Hier muss der Wolf erst einige Hürden überwinden, ehe er die ersehnte Beute zum Fressen bekommt. In anschaulicher Weise gelingt es Smajić, der gierigen Geschäftigkeit des Wolfes, die sich beim Einbruch in das Haus der Geißlein eruptiv entlädt, bildnerisch Ausdruck zu verleihen. Einen wesentlichen Anteil daran hat die bildtechnische Umsetzung mittels Buntstiften, Tusche und Aquarellfarben. Diese Mischtechnik vermag die Dynamik des Linearen mit der Ausdruckskraft der Farbe spannungsvoll zu verbinden.

Dem zeichenhaften, fast comicartigen Stil hat sich der Illustrator **Heribert Schul-**

**meyer** verschrieben. Er eignet sich hervorragend, um die Lebendigkeit, das Tempo und den Witz der »Bremer Stadtmusikanten« ins Bild zu setzen. Hier wird einem anderen Erzählen in Bildern der Vorzug gegeben. Es setzt vorrangig auf die agierenden Bildfiguren und arbeitet pointiert deren Typik, meist durch mimisch-gestische Überzeichnung, heraus.

Eine ironisch-pointierte Perspektive nimmt auch **Imke Sönnichsen** in ihren Illustrationen ein, wenngleich auf ganz andere Art und Weise als Heribert Schulmeyer. Was bei der aufgepeppten Goldmarie in »Frau Holle« bereits anklingt, wird in »Dornröschen« konsequent fortgesetzt: die Modernisierung der Märchen-Bildsprache. Sie beinhaltet jedoch, wie man vielleicht vermuten könnte, weder die Hinwendung zur abstrakten Formsprache noch zur Bildsprache moderner Medien. Vielmehr bietet sie dem aufmerksamen Betrachter Bildfiguren, die kein falsches Pathos, sondern natürlichen Charme verbreiten. Lässt man sich näher auf die Betrachtung der traditionellen Märchenkulisse ein, dann entdeckt man Gegenstände und Personen, deren Aussehen bzw. Handeln an unsere heutige Wirklichkeit erinnern. Da ist es der Königin zu Beginn ihrer Schwangerschaft so übel wie fast jeder Frau »in anderen Umständen«. Und dem König auf den eisigen

Schlossfliesen wird es so kalt, dass er auf jegliche Außenwirkung pfeift. Die Beispiele lassen sich beliebig fortführen. Sie sind in Gänze ein Beleg dafür, dass bekannte Märchentexte in einer modernen innovativen Bildsprache nicht nur konkrete Alltagswahrnehmungen heutiger Kinder (und Erwachsener) aufgreifen, sondern gleichzeitig eine Perspektive beziehen, die einen ironisch-distanzierten Blick für individuelle Deutungsprozesse öffnen.

Mit den Illustrationen zum »Rumpelstilzchen« von **Kathrin Treuber** schließt sich der Kreis der unterschiedlichen bildnerischen Zugänge zu altbekannten Märchentexten. Im Vergleich zum gängigen Einsatz der Acrylmaltechnik in der Buchillustration hat Kathrin Treuber Acrylfarben hier wie Ölfarben verwendet, indem sie viel mit Lasuren gearbeitet hat. Damit ist ein schichtweises Auftragen der Farben verbunden, das wiederum einen längeren Trocknungsprozess zur Folge hat. Diese arbeits- und zeitaufwändige Technik stellt bis heute im Bilderbuch eine Seltenheit dar. Die Wirkung der Bilder jedoch spricht für sich, denn an Kraft und Intensität der Farben sind die entstandenen Illustrationen kaum zu überbieten. Das Spiel mit Licht und Schatten, das für dieses Märchen, dessen Erzählhandlung vorzugsweise in der Nacht stattfindet, charakteristisch ist, drückt sich in der Maltechnik in adäquater Weise aus. Sowohl die Bildräume als auch die darin agierenden Märchenfiguren wirken dank der farblichen Gestaltung plastisch und anschaulich. Besonders der Tanz des Rumpelstilzchens vor dem lodernden Feuer bleibt in seinem kontrastreichen Spiel von Helligkeit und Dunkelheit nachhaltig in Erinnerung. Gekonnt vermag auch Kathrin Treuber den Wechsel der Bildperspektiven zu inszenieren. Mal schaut man als Betrachter aus der Tiefe hinauf, mal scheint man das Geschehen von oben zu verfolgen – in jedem Fall aber fordert jedes Bild eine überraschende Perspektivierung des Handlungsgeschehens heraus.

Fünf Illustrator/innen und sieben Märchentexte bieten also außer einer Menge von Bildideen auch differenzierte Interpretationsangebote. Faszinierend ist dabei, dass die Texte verschiedener Märchen und die Bilder unterschiedlicher Künstler einander gegenübergestellt werden. Für Leser bzw.

»Vermittler« zwischen Märchenbilderbuch und kindlichen Rezipienten ist der Umgang gewissermaßen eine Entdeckungsreise in die Welt bildnerischer Visionen zu Märchentexten; geprägt von den Handschriften verschiedener Illustrator/innen. Dabei entwickelt sich nicht nur der Blick für wiederkehrende Themen und Motive, sondern vor allem ein Gespür dafür, wie abwechslungsreich und ästhetisch anspruchvoll mit Bildern und Texten erzählt werden kann. Besonders in gegenwärtigen Zeiten medialer Reiz-Überflutung stellt die Sensibilisierung von Kindern für das ästhetische Potenzial der Märchen und ihrer Bilder bzw. Sprache eine Herausforderung dar, der sich Eltern, Großeltern, Vorschulpädagogen und all die anderen, die das Erzählen, Vorlesen und Illustrieren von Märchen übernehmen, zuwenden müssen. Die vorliegende Märchenbilderbuchsammlung dürfte, ganz im Sinne der Brüder Grimm, ein wichtiger Schritt in diese Richtung sein.

Claudia Blei-Hoch

Literatur:
Bettelheim, Bruno: Kinder brauchen Märchen.
Deutscher Taschenbuch Verlag. München. 1991[15]

**Das große Märchenbilderbuch der Brüder Grimm, Jubiläumsausgabe**

ISBN 978 3 522 43725 7

**Das große Märchenbilderbuch der Brüder Grimm, Originalausgabe**

ISBN 978 3 522 43541 3

Einbandillustration und Vorsätze: Cornelia Haas
Einbandtypografie: Doris Grüniger, Buch und Grafik, Zürich
Innentypografie: Michael Kimmerle, Stuttgart
Textbearbeitungen: Regina Hegner
(Die Bremer Stadtmusikanten, Der Froschkönig, Dornröschen)
und Claudia Kläger
(Frau Holle, Rotkäppchen, Der Wolf und die sieben Geißlein,
Rumpelstilzchen)
Schrift: Bodoni Book, Charlemagne
Reproduktion: Photolitho AG, Gossau/Zürich
Druck und Bindung: Livonia Print, Riga
© der Originalausgabe 2006 by Thienemann Verlag
(Thienemann Verlag GmbH), Stuttgart/Wien
© dieser Sonderausgabe 2012 by Thienemann Verlag
(Thienemann Verlag GmbH), Stuttgart/Wien
Printed in Latvia. Alle Rechte vorbehalten.
5  4  3  2  1°      12  13  14  15

www.thienemann.de